Rrose Sélavy

Numéro 4

Curiosité

Rrose Sélavy est une revue artistique et thématique à parution aléatoire.

Le projet de cette revue est de mettre en lumière des artistes contemporains et de créer un objet imprimé constitué de productions originales et de qualité, tant littéraires que graphiques. Le thème qu'interroge la revue permet de prendre en compte les divers regards et les diverses lectures afin d'appréhender le monde dans sa diversité et donc dans sa richesse. Rrose Sélavy décline essai, poésie, nouvelle, bande dessinée, graphisme, photographie...

Curiosité

Ce terme, emprunté au latin « curiositas » (soin, désir de connaître) fait référence au goût qui porte à rechercher les objets rares, étranges et nouveaux. Il désigne également la passion, le désir et l'empressement de voir, de découvrir, d'apprendre, de connaître des choses nouvelles, dignes d'intérêt. Il est aussi, péjorativement, l'envie immodérée, le grand désir de connaître les secrets d'autrui. Par métonymie, les « curiosités » sont des objets ou des phénomènes rares, étranges et remarquables. On pense alors au **cabinet de curiosités** qui était un lieu où étaient entreposés et exposés des objets collectionnés, avec un certain goût pour l'hétéroclite et l'inédit. On y trouvait couramment des médailles, des antiquités, des objets d'histoire naturelle (comme des animaux empaillés, des **insectes** séchés, des **coquillages**, des squelettes, des carapaces, des **herbiers**, des **fossiles**) ou des œuvres d'art.

Appétence, appétit, application, étrangeté, attention, audience, avidité, bibelot, bizarrerie, boulimie, espionnage, intérêt, nouveauté, rareté, précieux, recherche, singularité, soif, indiscrétion, désir, collection, passion, remarquable, empressement.

« Je voudrais mourir par curiosité »   George Sand, Lélia.

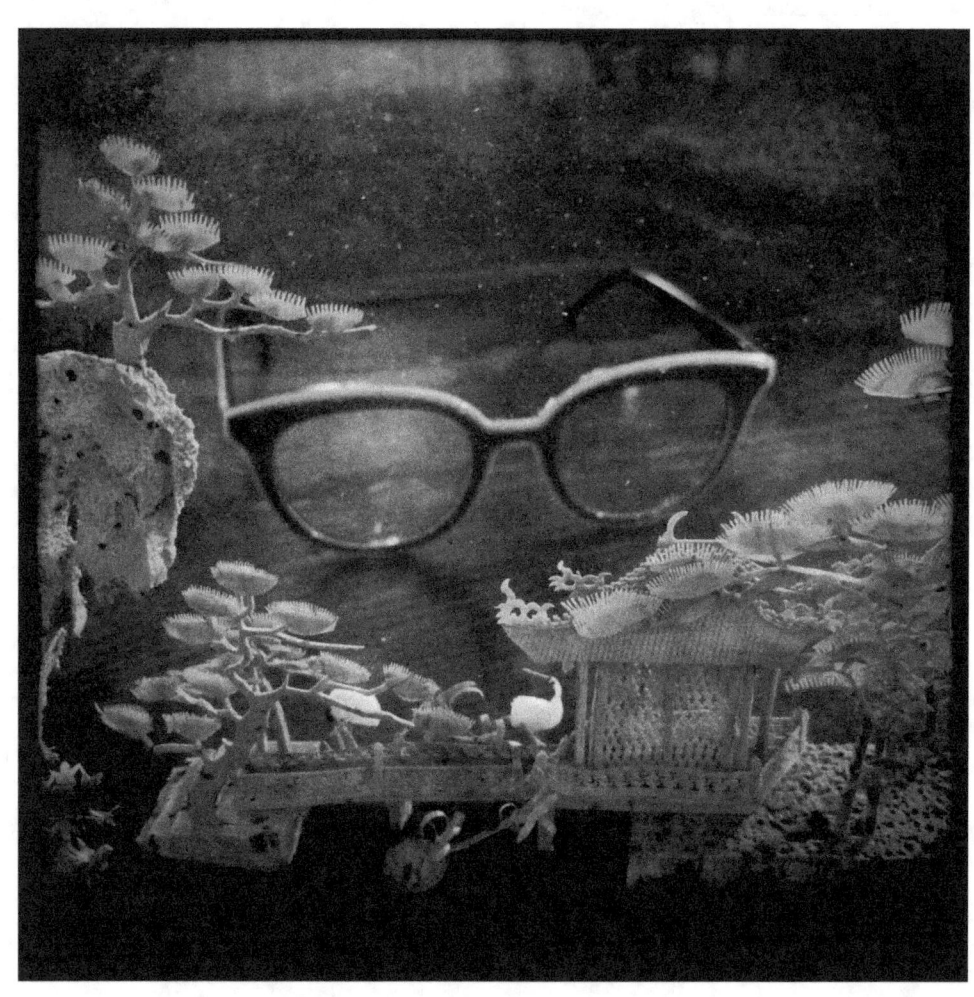

Emmanuelle Sarrouy

Cabinet de curiosités d'un écrivain

Comme une petite fille qui accumule des objets hétéroclites dans le secret, sans savoir pourquoi ces objets-là, et ses gestes deviennent fébriles, si l'objet convoité allait lui échapper, avec la vigilance d'une pie voleuse, sa rapidité, son acharnement, rien de ce désir ne lui échappe, ce qu'elle a vu soudain, là, elle doit le posséder, c'est à elle, à elle seule.

Dans le grand tiroir de la chambre des filles, les trois sœurs, chacune sa grotte interdite, sous le lit couvert de couleurs champêtres, coquelicots, bleuets, marguerites, épis de blé dessins sur l'étoffe, chacune sa « chambre à soi » sous le lit étroit, et dans le tiroir profond tout se mêle, un désordre que chaque sœur entretient, son désordre, qu'elle est la seule à déchiffrer, désordre sacré, muet pour l'œil d'à côté, et respecté.

Dans la grande boîte, des boîtes, et des boîtes dans les boîtes. Pas un objet apparent, exposé. C'est la surprise, chaque fois d'une boîte à l'autre, le cœur battant.

Je ne suis plus une petite fille.

Mais je traque, suivant le même rituel, de brocante en bouquiniste, de Puces en Puces dans mes tours de France bucoliques, marins et littéraires des signes tangibles de la réalité quotidienne banale, signes éphémères, futiles, insignifiants.

Pourquoi ces objets-là ? Dérisoires. Sans valeur aucune. Mes fétiches.

Je ne sais pas.

Je peux dresser une liste, année après année, follement, je collectionne au hasard, sans méthode, sans but de guerre, objets, papiers, cartes, livres que personne ne lit, images, photographies, aquarelles et dessins, boîtes, personnages... Je stocke, peur de manquer comme en temps de crise, peur de manquer le plus rare, le plus précieux, l'essentiel. Je parcours les routes et les chemins de traverse qui me conduiront au trésor. Je saurai le reconnaître, il sera à moi, préservé du temps, de l'oubli, protégé des prédateurs, à l'abri pour l'éternité.

Voici une liste qui prête à rire.
Un trésor. Quel trésor ?
Enseignes de cafés et brasseries
Étiquettes alimentaires
Boîtes d'allumettes et boîtes à biscuits, boîtes de plumes Sergent-Major, boîtes « Y'a bon Banania »
Cartes postales
Photographies
Aquarelles et dessins
Figurines, tirailleurs algériens et spahis, nomades, méharistes, chameaux, Touaregs...
Canifs fabriqués en France, d'une province à l'autre
Broches
Timbres
Papiers d'orange
La machine à coudre SINGER

Si on regarde attentivement ces divers objets quelles que soient leur forme ou leur destination, apparaît une imagerie populaire qui croise l'Occident et l'Orient. Figures en couleurs du paysage de l'enfance coloniale en Algérie.

Villages, oasis, déserts, marabouts dans la Plaine et sur les Hauts Plateaux en haut de la colline, la mer toujours... Bêtes, hommes et femmes, enfants au bord des routes, bergères et bergers, garçons à la fronde, les ânes, les moutons, les haies de cactus autour des maisons basses et les arbres. Cyprès, oliviers, eucalyptus, orangers, palmiers, les cueilleuses d'oranges comme en Palestine et j'entends les cigales de l'été, écoles, églises et mosquées, pierres tombales, ravins, des lauriers roses dans les cailloux. Dans le ciel, au milieu des blés, cigognes, hirondelles, tourterelles turques de Ténès, la ville marine d'Isabelle et Slimène le spahi amoureux. À terre et dans les fleurs, des scarabées, des abeilles autour des ruches de mon père l'instituteur-jardinier, le long des roses églantines, les coquelicots, des bouquets champêtres, les violettes et les iris du jardin de ma mère, les iris bleus de sa robe, l'été, les figues charnues, rouges dedans, cueillies à l'aube en clandestine gourmande. Les labours et les moissons, le paysan en turban, derrière la vieille charrue tirée par l'âne et le mulet, l'homme vigoureux, une femme l'accompagne, foulard serré sur la tempe, robe à fleurs jusqu'à la cheville et les glaneuses entre les meules. Je ne vois pas de vaches dans les prés. Pas de prés verts comme en Dordogne, le pays de ma mère, des vaches, beaucoup de vaches, elles me faisaient peur. La « vache qui rit », partout dans les maisons coloniales pour le goûter des enfants. Une vache rouge avec des boucles d'oreilles. Bizarre.

Les femmes d'Afrique du Nord sur cartes postales coloniales, je les ai cherchées partout en France, brocantes, l'été, l'hiver dans les villages et les villes. Elles étaient là, souriantes, espiègles parfois dénudées, l'aréole du jeune sein large et brune. Mon père n'a pas voulu regarder celles que je lui montrais, des femmes de son peuple, pour lui, des femmes pauvres jetées dans les bordels, humiliées, livrées à la soldatesque coloniale.

Je les ai collectionnées en secret.

Et les femmes sur cartes postales, brodées, en costume régional avec coiffe, Périgord, Bretagne, Alsace, Auvergne, Provence, Pays basque... Nice, Toulouse... Comme sur les boîtes d'allumettes « S.E.I.T.A. Made in France » retrouvées dans un grand sac en peau de chameau. Des femmes du pays de ma mère. Ma mère m'a dit : « Tu ne vas pas mettre ces vieilles cartes dans un livre... » Elles vivent dans un livre : *Le pays de ma mère, voyage en France* (éd. Bleu autour), publié après la mort de ma mère. Elle m'aurait dit : « Tu n'aurais pas dû... C'est ridicule... »

Je n'oublie pas la Peugeot 202, noire, la première voiture de mon père, à Hennaya près de Tlemcen. Jean-Claude Gueneau, « l'appelé d'Aflou » m'a offert une 202 noire miniature que Lucien Igor Suleïman s'est appropriée.

Je n'oublie pas les canifs de Nontron en Dordogne au manche en buis, ni les canifs de métal doré aux motifs sculptés, bergers et moutons... Ni le Laguiole à l'abeille, ni les grenades rouges, ni les broches des dizaines et des dizaines : têtes de négresses en ivoire, cerises, cigognes, bouquets champêtres et des glaneuses, des iris... Des broches en argent et corail avec des lettres arabes... Des Mariannes républicaines et Jeanne d'Arc...

Je n'oublie pas les « Plumes de la République » « Paris, Boulogne-sur-Mer », une blonde Marianne à bonnet phrygien sème, pieds nus sur la terre brune et rousse des labours.

Je n'oublie pas « Plume Le Tirailleur » « Boulogne-sur-Mer (France) », « Grand Prix-Paris 1889 et 1900 » N° 175 bis.
« Maison de Vente en Gros à Paris
107 boulevard Sébastopol »

Et enfin, quatre boîtes d'allumettes « Société nationale des Tabacs et Allumettes. Fabriqué en Algérie. » On voit : Des cigognes qui volent au-dessus d'une mosquée ; Les montagnes du DJURDJURA écrit en lettres arabes rouges ; Un rouge-gorge qui s'arrête sur une branche de cerises ; Un spahi avec burnous sur un cheval arabe rouge.

Enfin les photographies des écoles de villages, en France « Liberté, Égalité, Fraternité » avec un fronton FILLES – GARÇONS. Mon cousin issu de germain, Gérard Bordas, m'en envoie régulièrement. Je photographie, moi aussi, des écoles de la Troisième République lors de mes tours de France.

J'allais oublier le papier à cigarettes « Le zouave » et les boîtes de tabac à chiquer avec des lettres arabes, les Chibanis les jetaient au bord des trottoirs lorsqu'ils quittaient leur banc, en face du « Café de France » ou du « Bar des amis » LOTO-TIERCÉ.

J'ai ainsi collectionné, sans règle savante, en primitive, des années durant et, sans le savoir, certaines fournitures de mon travail d'écrivain, écrivain de l'exil.

Leïla Sebbar

(Paris, 11, 12 août 2018)

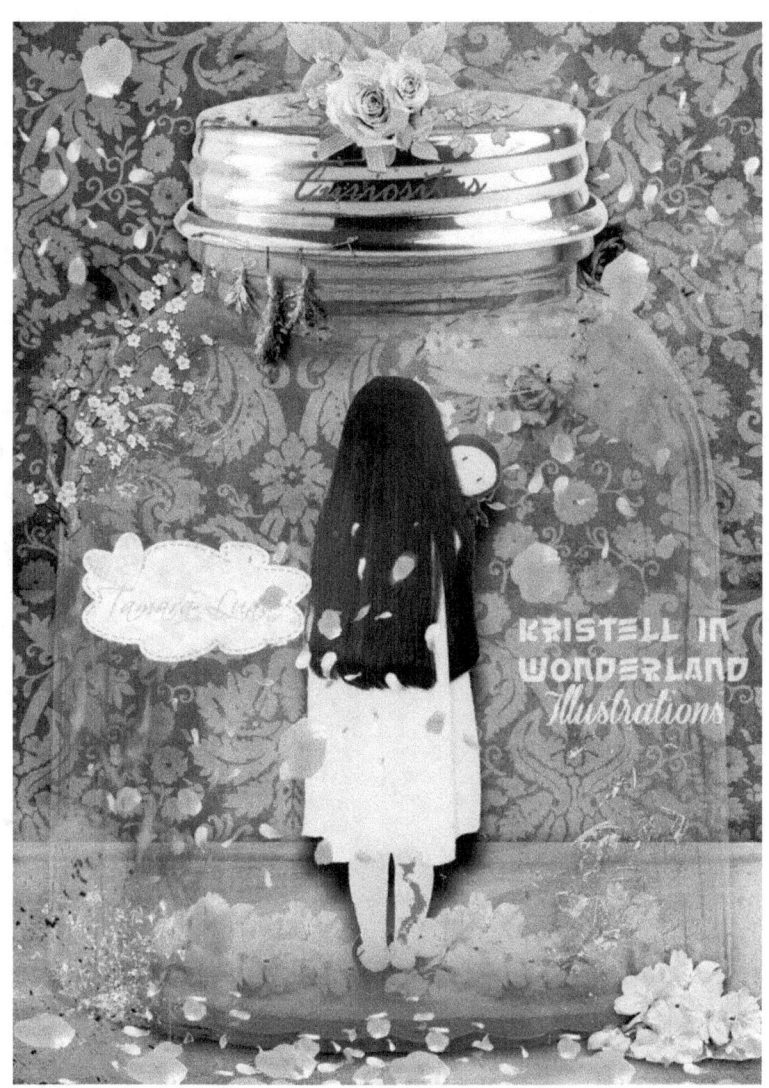

KRISTELL IN WONDERLAND

Vestiges

Fabrice Farre

1

Une bouche portée par un visage
surgit du corps
de la croisée

le guetteur percevant le reflet
disparaît par impatience.

La forme ouverte dans le mur
a celle d'oublier qui passe.

2

Les vestes bossues
sur les portemanteaux
ont triste bouche à regretter
leur chair disparue.

3

L'air remue et brasse encore
quelque nuage transparent.
Une fumée épaisse gonfle le cœur,
amère, pendant que naît
une voix prêtée par une présence toute proche.
L'expiration arrache à l'atmosphère
la part opaque occupée.

4

Au fond du puits les choses
nous observent en brillant,
comme issues de la gangue. Surprises,
elles nous surprennent
étonnés de n'avoir pu trouver
que nous-mêmes. La victoire semble proche
sous la gloire ternie du miroir d'eau.

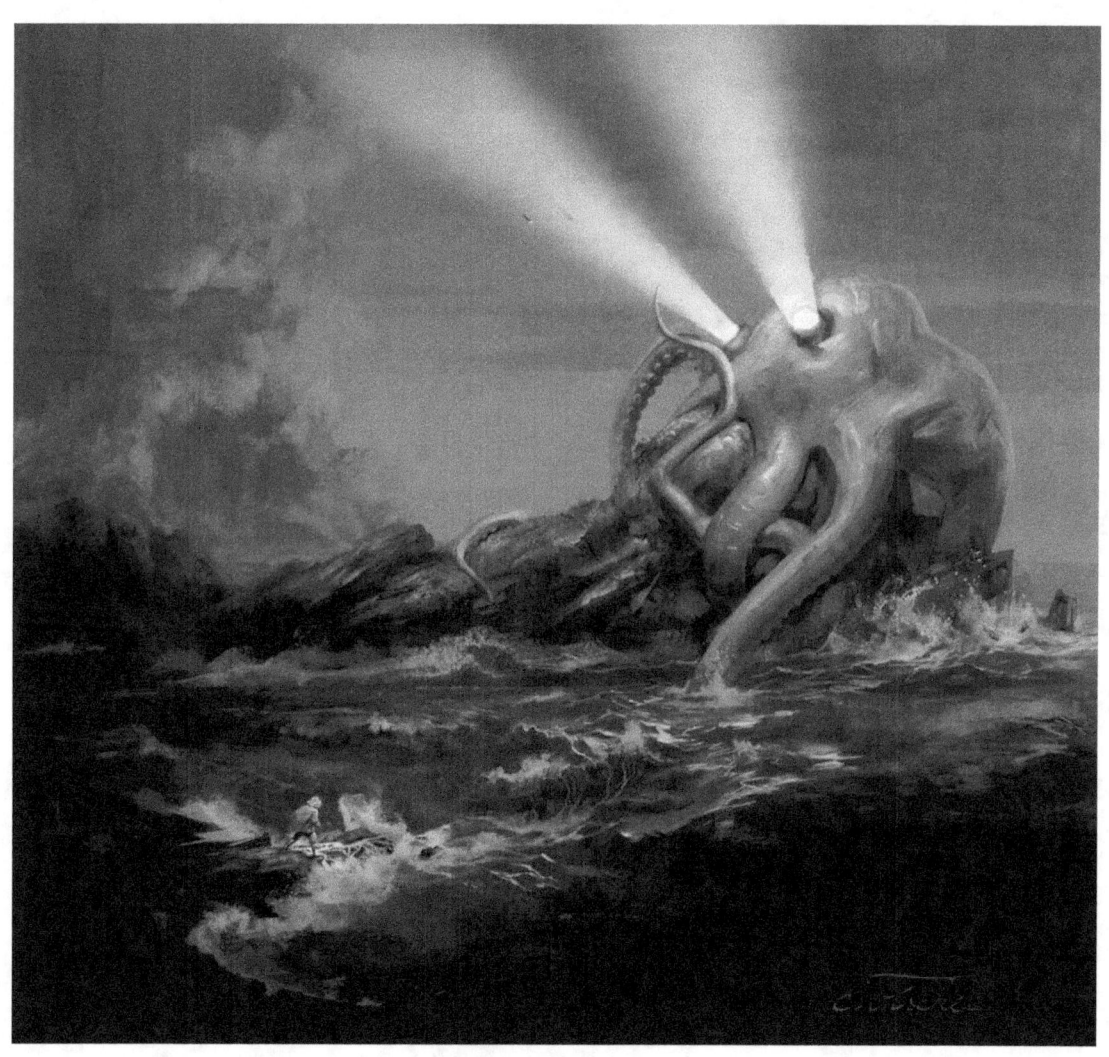

Corentin Fischer

Curieux

Les champs de souvenirs
Aux ignitions fardées
Ont laissé refleurir
De caverneux cyprès
Des orangers grêlés

Curieux je les avise
Et me vois circonspect.

                                    Par-dessus son épaule

                                    Reflet argenté
                                    De la pointe de plume
                                    Qui se plante
                                    Au coeur de ma pupille

                                    Et l'encre s'ébroue
                                    Gorge la rétine
                                    De filaments noirs
                                    Déborde la conjonctive
                                    Vient fouetter la joue

                                  Tu ne regarderas plus
                                    Par-dessus mon épaule.

Valère KALETKA

MARC ET JULIEN

Marc et julien
N'ont rien en commun
Juste à offrir
Quelques moments de plaisir

Ils vendent des bijoux,
D'or et de familles
Y'en a pour tous les goûts
Pour les garçons et les filles

Marc vend des plaisirs de filles
Pour les yeux des garçons
A l'âge où leurs bijoux frétillent
Dans leur pantalon

Julien vend aux garçons de l'or
Pour le bonheur des filles
A l'âge où leurs yeux dévorent
Les bijoux qui brillent

Marc et julien vendent de l'amour
Des plaisirs d'Orcel
Et leurs bijoux sont toujours
Chez eux éternels

Éliot HARCHINSPERO

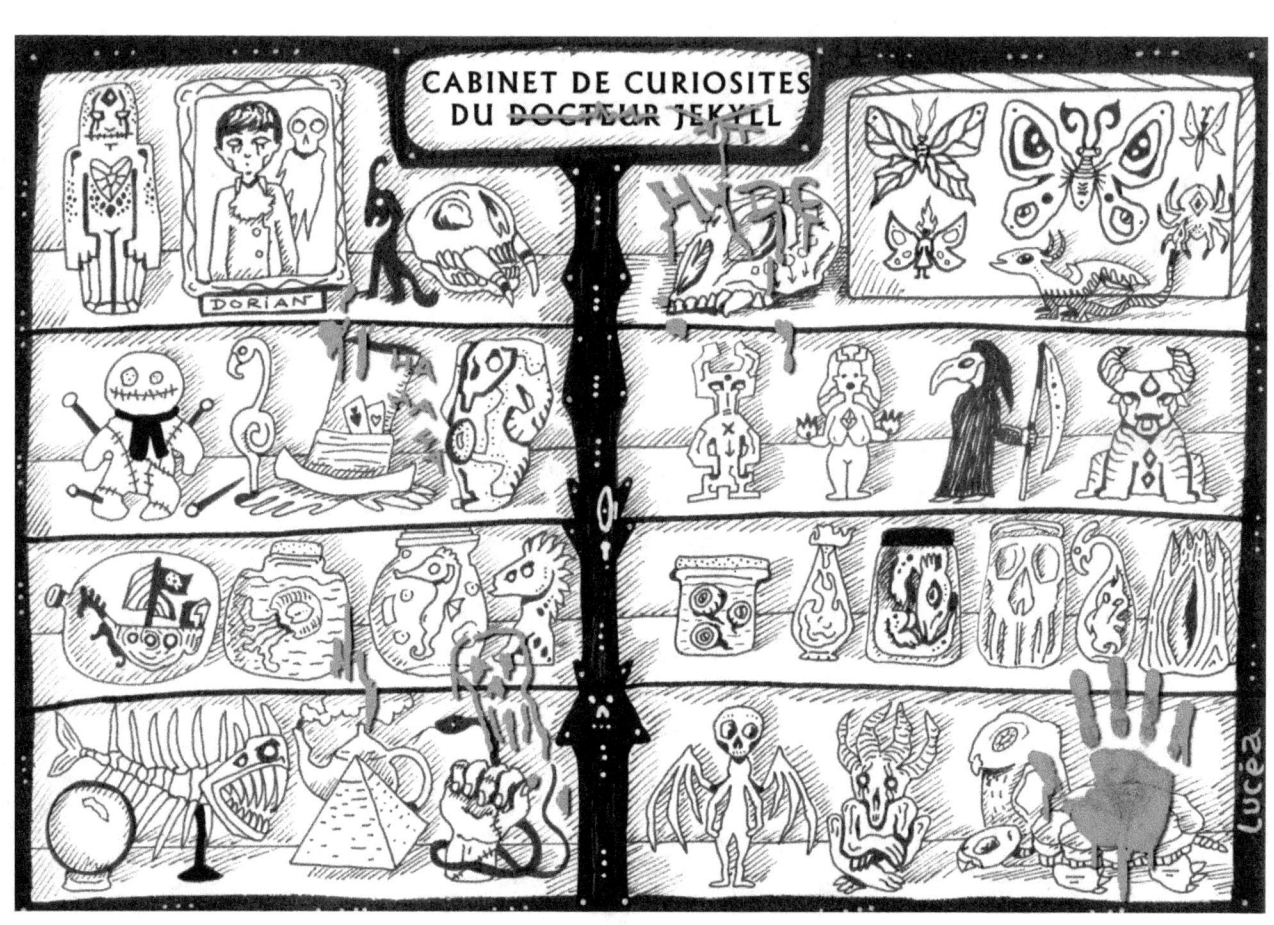

FLORENT LUCÉA

Une rose glacée
Chatouille ma main.
Une grenade dans la narine
Et les yeux implosent
Devant un lac gelé
Et un ours alpiniste.
Les ombres fument
Des cigares.
Des ombres du CAC40
Qui veulent faciliter
Les transactions
Entre les morts et les vivants.
Victor Hugo me doit
Mille euros
Car j'ai rasé sa barbe
Il y a quelques jours.
La famille mondiale
S'exclame :
« un oiseau ne peut pas
Picorer le matin
Mais peut, dans un futur proche,
Avaler des piscines
Et des couleurs
Comme le noir, le bleu
Ou même l'indigo »
On ne jette jamais la porte
Qui nous a vus sortir
De la clinique
A notre naissance.

J'ai réquisitionné
Les chambres
Des hôpitaux
Pour garder mon cerveau-Grand 8
Et le faire ralentir.
Une voiture grimpe
Sur l'Himalaya.
Je vois la lune
Se confondre avec l'œil
D'un bœuf.
Cachons-nous !
Grattons les pieds de Dieu
Ou même du ciel.
Un poète mélange
Les fœtus
D'un autre ventre.
Une virgule se place
Entre la France et Neptune.
Pizzaïolo des sentiments.

mickaël berduga

Erika Bournet Delbosc

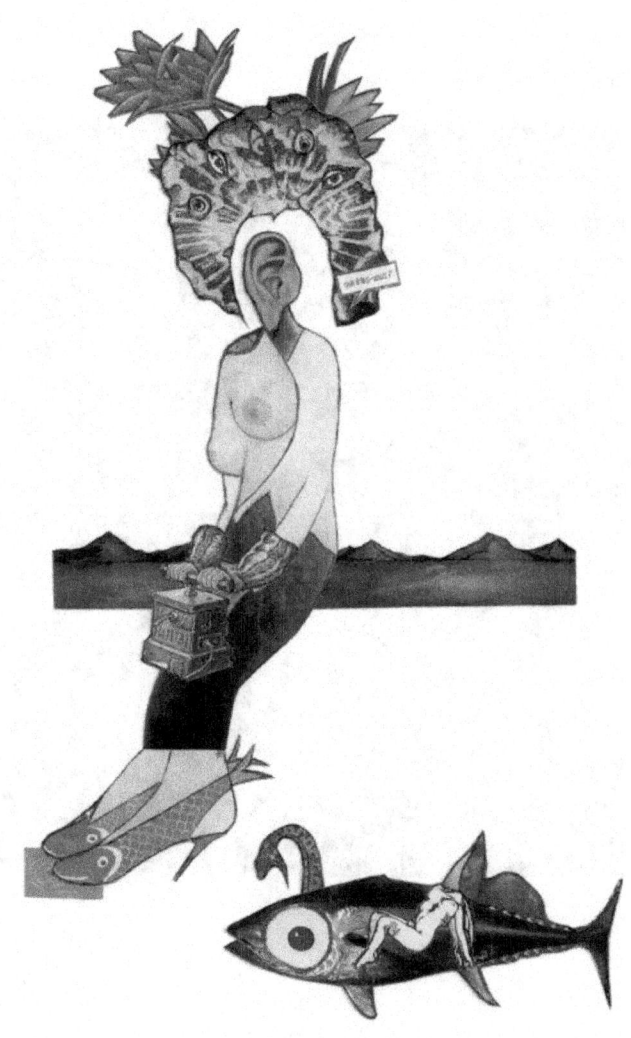

Guylaine Monnier

les mains entrouvent l'ombre croisée
comme on soulève
du bout des doigts
une fleur tendue
vers la lumière
tendue vers la
fenêtre
corde a linge
comme une
les mots pendent a un fil
regards se posent de loin
a la place des cailloux
cette seconde s'y vautrer

EN.DEUX.PLIS.MON.CORPS.FORME.UN.TRIANGLE/ON.DIT.SE.PLIER
EN.QUATRE/ET.CECI.EST.UN.ROND/ET.TES.DANSES
DES.HACHURES.LA.RAISON.UNE.POMME.TES.CASSURES
DES.COULEUVRES/LÀ-BAS.MES.RÊVES.PARTENT.EN.BALLON
SERPENTENT.JUSQU'AU.BOUT/AU.BOUT.D'UNE.FICELLE/
COGNENT.AUX.BORDS/LES.ABORDS.D'UNE.FENÊTRE
CARRÉ.DE.BOIS.TENDRE.MAIS.CECI.EST.UN.ROND.N'EST-CE.PAS
TU.DISAIS.NE.REGARDE.PAS.APRÈS.LE.CADRE
PASSE.LA.MAIN.AU.TRAVERS
JE.SURPRENDS.DES.COURANTS.D'AIR
ILS.M'ENROULENT. LE.BRAS.LA.TÊTE/L'ÉCHARPE.D'EMBRUNS
M'EMPORTE/ENCOLURE.ENTRE.TERRE.ET.MER
FERMONS.NOS.YEUX.DEUX.POINTS
COMME.DES.GOUTTELETTES.OUVRONS.LE.HUBLOT.VEUX-TU

GUYLAINE MONNIER

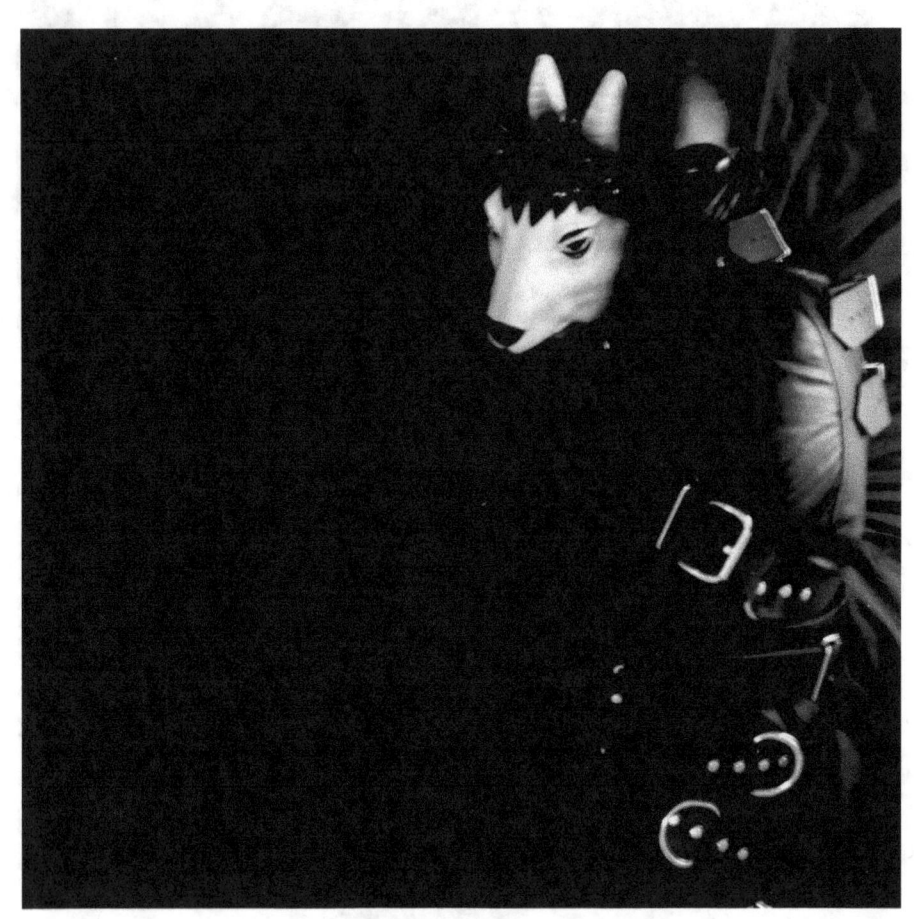

EL RENÉ

Hébétude

La vie est une étrange boutique, à la fois fermée et ouverte à toute heure du jour. Les clients sont des ombres dont le budget ne vaut aucune marchandise.

Certains tentent de partir plus loin que le grand dimanche, en tant que messagers d'un hiéroglyphe dont la signification s'est perdue pendant le voyage, dérobée par les caresses du vent.

Cédric Zampini

Le View Master

Regardez-le.
L'homme m'emplit d'une destinée. Dans l'espérance infatigable, dans l'attente incurable, mon passé est demain.

Derrière le ciel bouché, j'appelle sa marche, je l'entends. Les yeux sur sa voix à raconter ce qu'il écrit. Il sent l'aurore.
Dans le fatras des objets oubliés, dans les icônes, dans la broche en pomponne délaissée, dans les Marie aux mains coupées, dans les jouets d'enfants, je voudrais être la femme regardée.

A la lumière d'une lune, je plonge mes nuits dans les bobines d'un View-Master. Nos images doubles se réunissent devant moi. Des scènes se dessinent au bord de ma rue.

Je nous vois, projetés, en stéréoscopie. Les disques inépuisables lentement déroulent ces cartes en couleurs, mes larmes pleines de secret. Le bruit de la gâchette scande le murmure et fait éclater son silence. Comme une morsure, l'écho de la visionneuse résonne aux dentelles déchirées.

A démesure, l'homme prend tout l'espace.
Ses bras s'ouvrent au mystère. Son souffle royal borde mes paupières.

Nadia Gilard

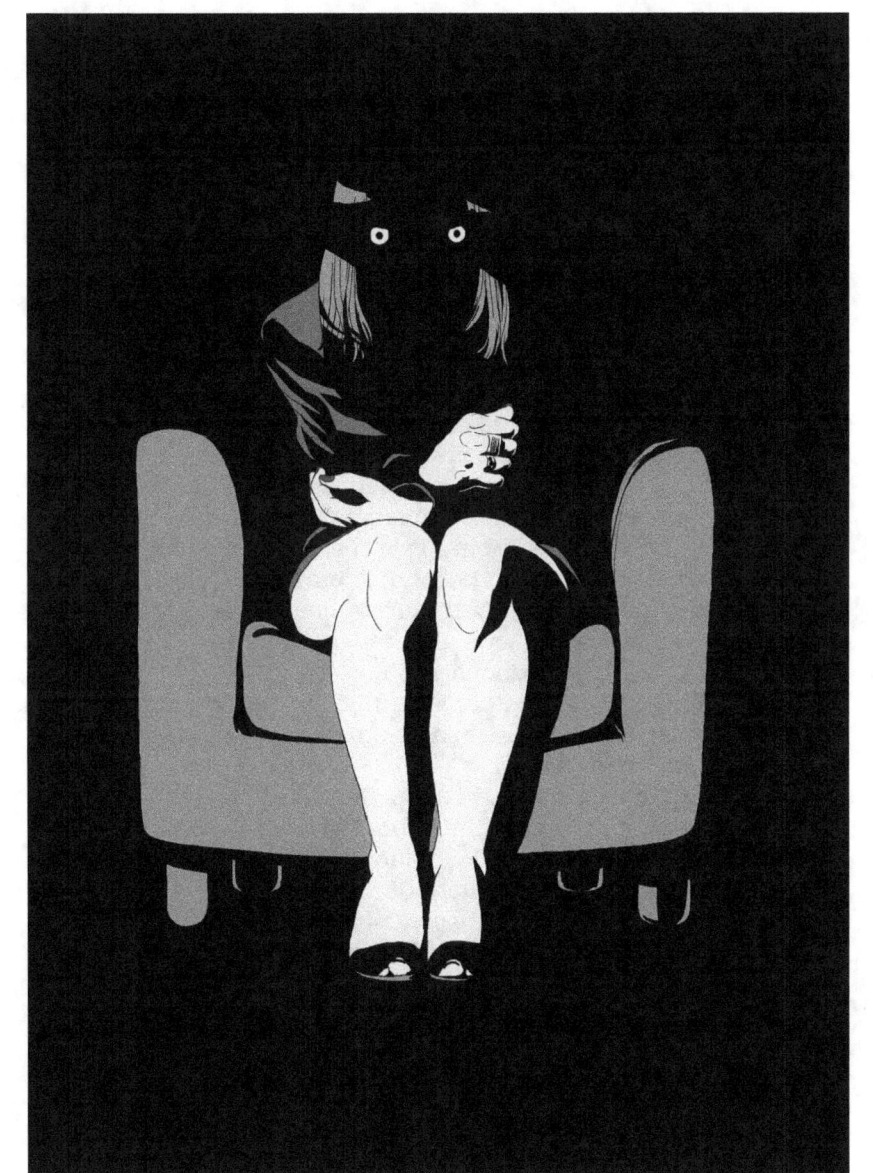

Françoise Bertin

Et après?

Mon obsession a commencé par une question, qui n'a jamais cessé depuis, alors que je feuilletais un ouvrage de photographies, en noir et blanc, prises au début du XXème siècle.

Je regardais attentivement chacune des photos ; des familles qui posaient devant la devanture de leur magasin, des gamins en culotte courte jouant, un couple s'embrassant, des photos de mariage... lorsque s'est imposée à mon esprit la question : "qu'ont-fait ces gens après avoir été pris en photo" ?

Peu à peu, cette question persistante est devenue une préoccupation quotidienne et mon existence entière s'est mise à graviter autour. Complètement absorbée. J'ai accroché, sur une bonne partie de mes murs, des photos en noir et blanc, parfois sépia, de gens inconnus, qui y ont cristallisé un geste, une infime fraction de leur vie et chaque jour, je les observe et m'anéantis de questions, de pseudo-réponses, d'images.

Comme j'aimerais, comme dans un film, que la vie s'incarne à partir de ce moment figé sur la photo et que je voie défiler la suite de cet instant statufié.

Qu'ont-ils fait après cette fraction de seconde éternellement ancrée ? Que montrerait le film ? Des gestes du quotidien, sans aucun doute, mais ça reste leur quotidien et donc leur vie. Ce couple d'amoureux pris en photo dans la rue, où se rendait-il ? Cet enfant, est-il rentré faire ses devoirs ou bien a-t-il goûté ? S'est-il fait réprimander pour sa culotte salie ?

J'essaie de comprendre pourquoi je me sens happée par ces photos, qu'est-ce-qui fait écho en moi? Qu'est-ce-qui résonne au point de me passionner toute?

Au-delà de me demander quel a été "l'après-photo", est venue la seconde vague de questionnements ;"qu'ont-ils fait de leur vie ?".

Que sont devenus ces enfants, à la culotte portée par des bretelles qui s'amusaient d'un bâton sur les pavés de la rue ? Ces deux amoureux, sont-ils restés ensemble, les mariés des photos jaunies, ont-ils été heureux, ces familles devant leur magasin, ont-elles perduré dans leur commerce, de père en fils, comme on dit ?

Et tandis que je m'interroge, je réalise que leur vie a passé et qu'ils sont morts à la minute où je les regarde.

Et pourtant, je continue de me questionner sur le devenir d'enfants qui n'en étaient déjà plus lorsque je suis née et qui sont, aujourd'hui, absents de ce monde, juste présents par le geste d'un photographe qui les a immortalisés dans ce rectangle de papier. Et je m'affole et aussi me délecte de ces interrogations. Jour après jour, elles ont creusé en moi, m'ont ravinée jusqu'à ce que la vraie question jaillisse, celle fondamentale de notre existence.

En me perdant dans un moment fixé dans le temps et en déroulant, à partir de ce moment, l'hypothétique vie de ces inconnus, en leur prêtant des émotions, en inventant leur parcours, en imaginant leurs bonheurs et malheurs, c'est la vie que je mets en scène, la vie qui passe, nous bouscule, nous happe, nous enterre, tandis qu'est sauvé un bref moment de notre petite existence sur un papier, que le temps, la vie finira par altérer.

Et je vis ainsi, dans le silence de photos écornées, vieillies, piquées de moisissures, mais qui vaillamment s'obstinent à ressusciter la jeunesse d'une, l'enfance d'autres, l'amour, le métier, le mariage, la vie de femmes, d'hommes qui tiendront éternellement la pose tout comme demeurera le bouillonnement perpétuel de mes questions jusqu'à.

Halima Ghériballah

Lili Plasticienne

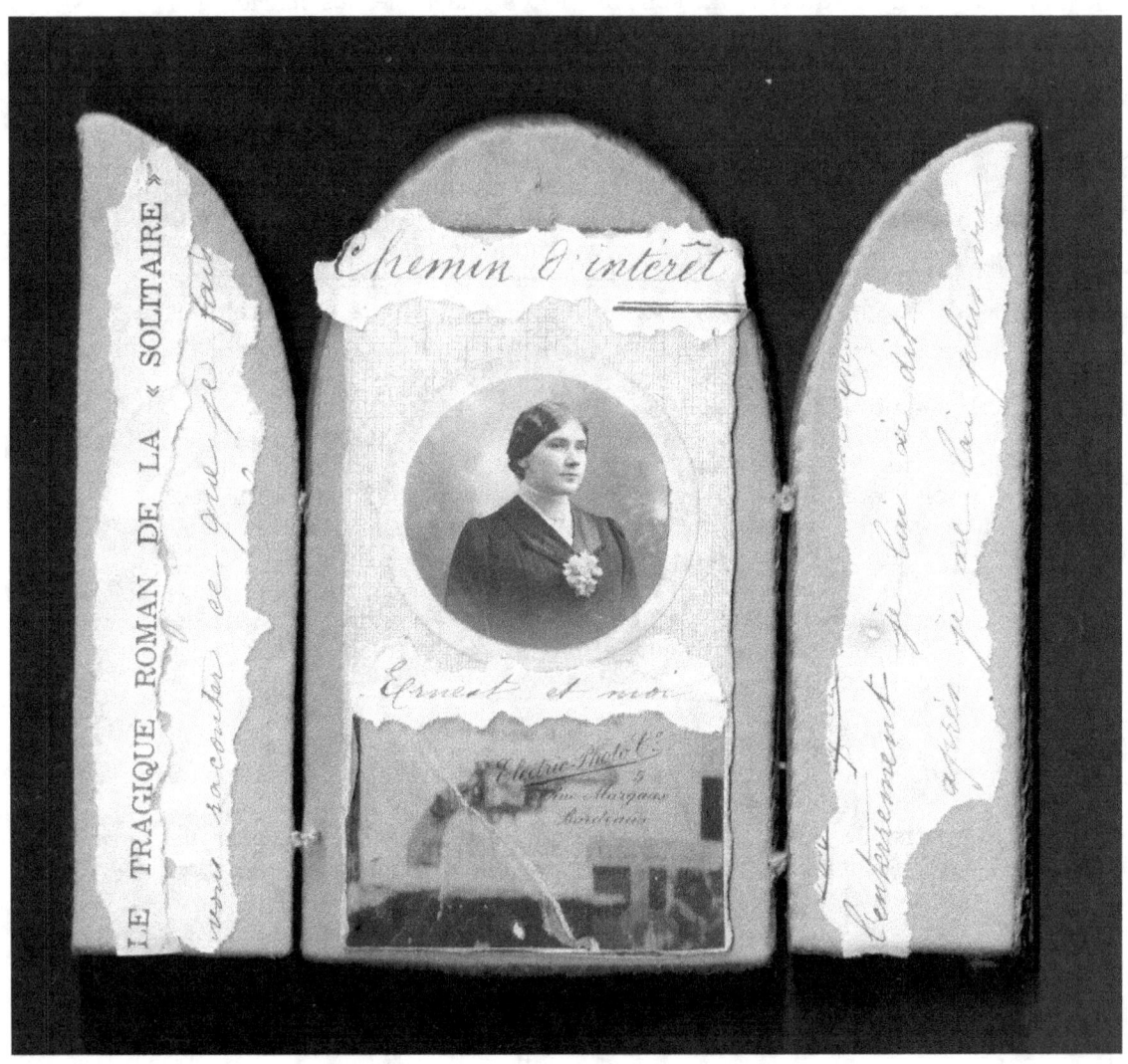

Invisible couleur de la pluie

La lumière épouse

Un cerceau de couleurs

Une alchimie à la croupe

Empoissée de mitrailles

Peu de discorde certes

Mais la virile parade

Servant de contrefeu

Absout l'obscur palier

En une habile migraine

Des fleurs murissent

Blessant l'invisible tel

Un alliage de coton

Séché d'une poussière aveugle

Et déboite à l'encre fin

De sylvestres ramures

À la gorge dithyrambe

Seul alors

J'écume dilettante

La barbe féconde

Du jour qui renifle

La mer m'aligne

Son défunt regard

À la lance juvénile

Et renonce altruiste

Les yeux démodés

À un bâtard crachin

Pigmenté de satin

Une source lit

Les vertus anonymes

Au coucher du levant

Et de la tombe maritime

Où le teint excluant

Dilapide magnanime

L'or de la sale pantomime

L'oracle perturbant

Altère l'orage illégitime

Sobre culotté et aguichant

Silex à la creuse nervure

Laisse moi contrer la voie

Aplatir l'orée des devises

Et oxygéner les nuits

Puisque seul et jaloux

Je mutile incomplète

La veine au sourire caché

Disposé à ne rien lâcher

De ce convexe océan

À la queue déboutonnée

JANICK NADOUCE

SANDRINE DEUMIER

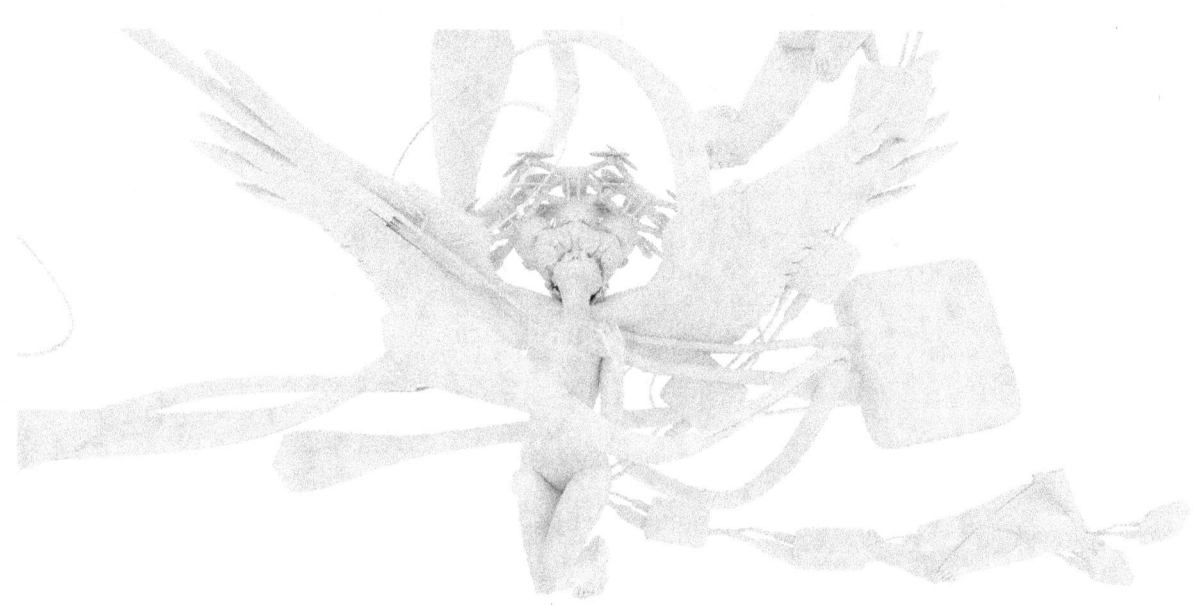

Curiosity

Il était une fois un petit garçon qui, dès 22 heures passées, se glissait hors des frontières de sa chambre pour aller voir ce que la nuit enfantait comme créatures.

C'était un petit garçon rêveur et naïf qui n'écoutait que ce qu'il avait vraiment envie d'écouter. Un soir, peu avant Noël, Achille s'aventura dans une ruelle qu'il ne connaissait pas. Celle-ci était peu éclairée et la lumière ocre dessinait sur les murs granuleux des collines sombres. Il s'avança pourtant dans la rue silencieuse d'un pas vigoureux. Il ralentit bientôt lorsqu'un filet de voix parvint à ses oreilles. C'était une voix féminine qui semblait danser dans l'obscurité. Jamais le petit garçon n'avait entendu pareille mélodie. Son père écoutait du jazz à longueur de temps et si l'enfant ne détestait pas cette musique en soi, il n'aimait pas qu'on la lui impose jusque dans sa chambre dont les murs trop fins peinaient à atténuer le son. C'est pourquoi, régulièrement, Achille cachait l'enceinte sans fil de son père. Au début, celui-ci n'avait éprouvé aucune difficulté pour remettre la main sur l'objet. Mais peu à peu, Achille avait trouvé des cachettes plus sophistiquées. Il en était même arrivé à cacher l'enceinte dans un tiroir de la commode de son père, celui où étaient encore rangés quelques sous-vêtements de son ex-épouse et qu'il n'avait pu se résoudre à lui rendre. Alors, son père, rapidement las, avait acheté de nouvelles enceintes qu'il plaçait de plus en plus haut dans l'appartement. La dernière était fixée dans un angle du plafond du salon, dans une cage grillagée, verrouillée par quatre cadenas, deux à clefs, deux à code. Achille savait qu'un simple tournevis suffirait cependant à faire disparaître... l'objet.

Ce n'était pas du jazz. Cette voix jouait une mélodie infiniment triste. On aurait dit une plainte sublime, les notes suspendues allant dans le ciel noir d'une étoile à une autre. Achille continua à marcher. Plus lentement. Médusé par ce chant stupéfiant. Et là, entre deux conteneurs à poubelles, il aperçut une ombre assise contre le mur. Il se figea et observa la silhouette immobile d'où s'échappaient des notes crépusculaires dans un panache de brume. Il s'assit à son tour à deux ou trois mètres de là et écouta. Il n'aurait pu dire dans quelle langue l'ombre chantait. Peu lui importait finalement. Seule comptait l'histoire qu'il s'inventait.

Puis la voix se tut. Durant quelques instants, Achille n'entendit que le bruit de fond de la ville engourdie par l'hiver. Il se redressa et bascula vers l'avant pour se mettre à quatre pattes. Il parcourut ainsi la distance qui le séparait de la silhouette.

- Tu peux chanter encore ? demanda le petit garçon.

- Pourquoi ? Tu aimes ? fit une voix travaillée par un fort accent étranger.

- Oui. J'aime beaucoup ce que vous chantez.

- Mais tu ne comprends pas ce que je chante.

- Si, fit l'enfant, après une brève hésitation.

- Ah bon ? tu comprends ? ah ! ah ! ah ! mais dis-moi, que fais-tu dans cette rue ? ce n'est pas normal que tu sois là en pleine nuit !

- Pourquoi ? s'offusqua Achille.

- Parce que tu es petit et qu'à ton âge, à cette heure-là, on est au lit.

- Je ne suis pas petit, protesta le *petit* garçon, et mon père m'a toujours dit qu'il fallait profiter de chaque instant de la journée et de la nuit pour connaître la vie.

- Ah ! ton papa est un sage mais... et d'après toi, que raconte ce que je chante ?

- Quelque chose de triste non ?

- Tu as presque raison, petit. Ces chansons racontent des mondes perdus.

- Tu peux chanter encore ?

- Je veux bien mais j'aimerais que tu fasses une chose.

- Oui, s'empressa de répondre Achille.

- Tiens-moi la main pendant que je chante.

L'enfant se redressa et s'approcha lentement de la voix qui le fascinait. Les murs dessinaient des pluies de sable orange. Et au milieu, des cheveux noirs comme l'ébène tombaient en averse. Et au milieu se dressait un nez si fin qu'il fendait le visage en un éclair immobile. Et au milieu, des yeux noirs l'observaient. Au milieu, une main se tendit. Achille l'attrapa un peu tremblant. Et la jeune femme se remit à chanter. Les yeux du petit garçon s'écarquillèrent tant il fut transporté par ce souffle formidable. Il distingua au-delà des fossettes du visage cette douleur qui la faisait sourire. Il entendit un accordéon, un violon, une clarinette, il entendit une contrebasse, une guitare et survola en un instant des paysages traversés par des tempêtes.

- Ferme ta gueule ! fit une voix au-dessus, ON AIMERAIT BIEN DORMIR !

La voix se tut.

- Ferme ta gueule ou je descends te la fermer. Achille était un petit garçon qui n'aimait pas les ordres. Il se redressa, leva la tête et cria à la voix masculine qui avait surgi de nulle part : Ferme ta gueule, fils de pute ! Et ni une, ni deux, il ouvrit un conteneur, en sortit un sac poubelle et dans un geste prodigieux lança celui-ci au visage bouffi qu'il aperçut penché au-dessus de lui. Il entendit peu après une fenêtre se fermer bruyamment.

Lorsqu'il se pencha vers la jeune femme, celle-ci avait disparu. En lieu et place, il n'y avait plus qu'un espace, enserré entre deux conteneurs, un mur froid et le regard d'Achille, désemparé.

Qui m'a traité de fils de pute? C'est toi le gitous ? Je vais te renvoyer dans ta caravane et tu pourras voir ailleurs si j'y suis! Achille observa l'animal qui se trouvait face à lui. Puis la nuit le ramena chez lui, à quelques centaines de mètres de là.

***

Les jours suivants, Achille revint à l'endroit où il avait entendu cette voix. Il y revint même la nuit, pensant naïvement que la jeune femme n'existait que durant celle-ci. Un soir, un peu triste, le petit garçon tendit la main dans l'obscurité. Il crut sentir entre ses doigts un peu de sable qui s'écoulait, un sable chaud qui traversait sa main en une étreinte presque amoureuse. Il voyagea le temps d'un long battement de paupière, à la recherche de la vie, souriant à ce voyage douloureux dans les étoiles.

EMMANUEL DUBUS

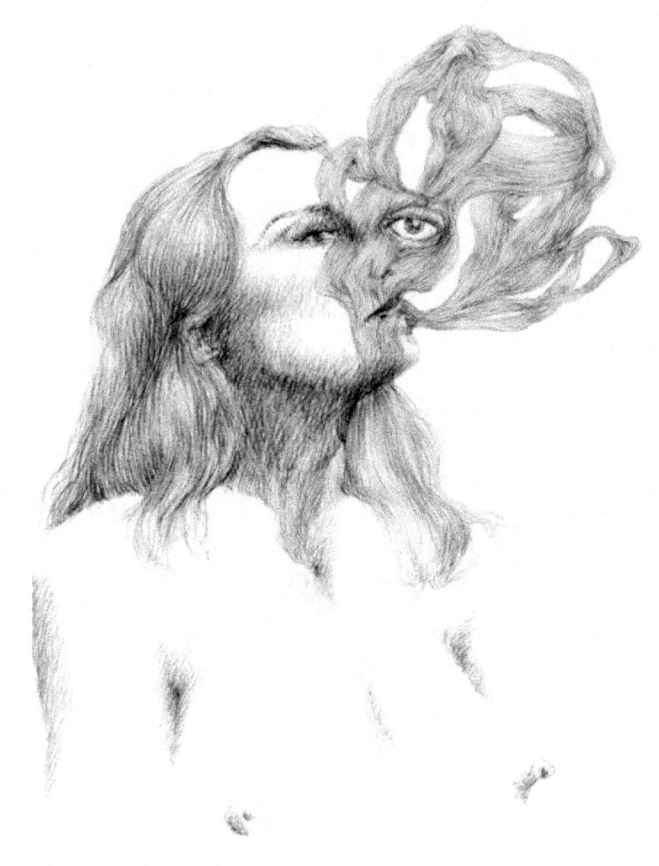

La fête

Dans une constellation magique
L'hérétique Moleskine flottant
Joue d'un instrument à vent
Pour des chienpanzés mystifiés
Et l'un d'eux se met à entonner

C'est la saison téméraire des mots
Qu'on achète chez Rimbaud
Moleskine chausse ses palmes
Gravit les marches ravi
Et à grands pas traverse l'allée Lilas

Son ami Escar Polette répare
Des squelettes et vite les remet
Sur bicyclette feu violet attendez
Changement de saison mais

Ophélie cotillons et confettis
Ophélie est du cygne de la mare
Ophélie porte sa valise et part
 D'un grand éclat de rire.

BEATRICE VERGNAUD

Léonor

Une picaresque pâquerette
Léonor est son prénom,
De verglas s'est parée
Tandis que de poltrons minets,
Rythmiquement lui délivrent

Une sonate de Gabriel Fauré.

A l'instant une pétition,
Par mille pâquerettes signée,
Désigne, la sans vergogne,
Ridicule ! Elle est ridicule !

Mais Léonor, la souveraine,
N'en n'a cure et lentement,
Impérialement, pétales déployés,
Refusant de se déshabiller,
S'extrade en Tyrosinie.

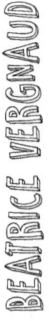

BEATRICE VERGNAUD

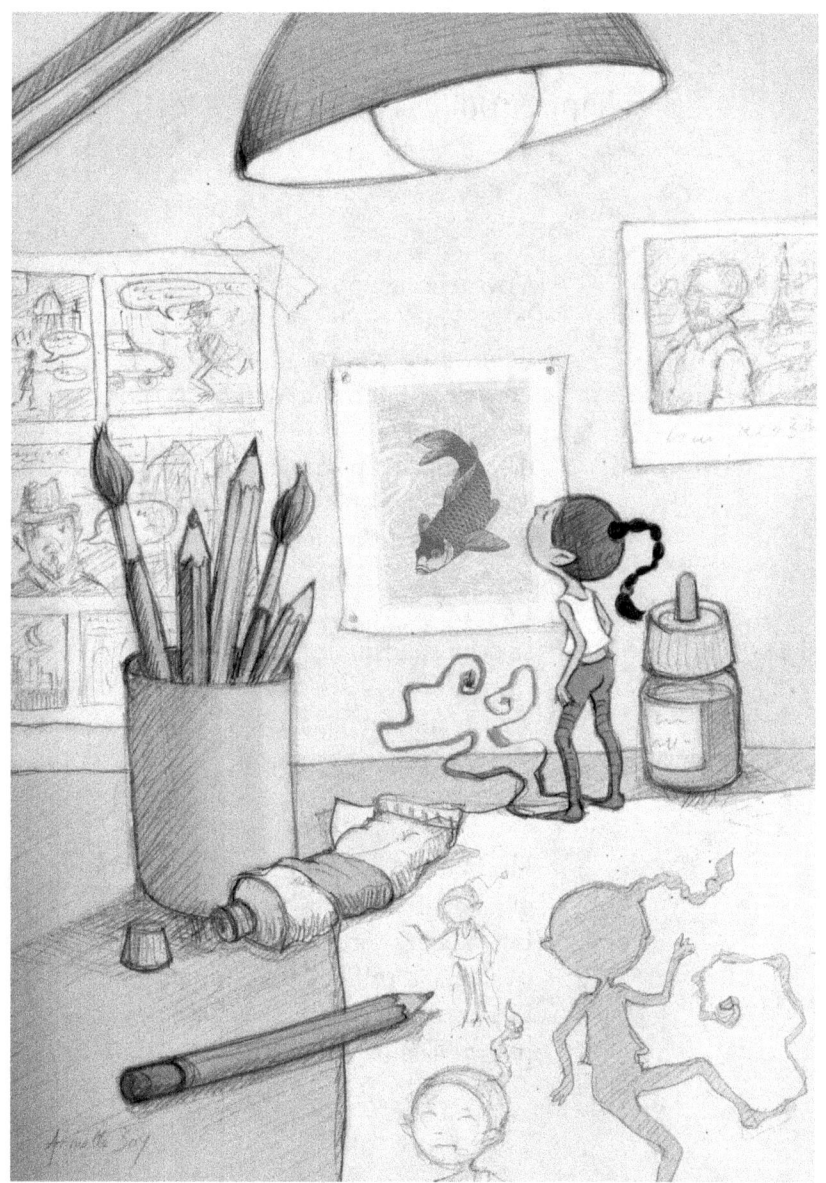

S'échapper belle

Voyageur immobile
laissé à quai par le destin
il tourne et retourne
l'enveloppe entre ses doigts
palpe le timbre
de la pulpe du pouce
fenêtre minuscule qui l'affranchit
des limites de lui-même

Ça serre ça serre
sa peau soudain devenue
trop étroite sur ses os
s'en défaire un instant
s'exiler de ce corps malade
sa prison sans barreaux

Mâchoire frémissante, prolonger l'attente :
que lui a-t-elle écrit, cette fois ?
Les vapeurs-vertiges de Venise ?
Les nuits torréfiées de l'Afrique ?
Les lunes inuites qui rêvent *a cappella*
pour réchauffer le vent ?

Pressé, pressé
sa main plonge, fouille l'infini
à agrandir sa prison
de la morsure répétée de ses doigts
fébriles

Aile d'oiseau à déployer
la lettre s'ouvre à ciel
sans faire plus de bruit qu'un souvenir
et déjà sa solitude prend le large

Tête baissée, il écarquille le cœur,
les yeux et l'âme grands ouverts
courte escale à lui-même
il lève l'encre
embarque dans les mots

Couleurs, parfums et sons
l'ailleurs déferle dans ses veines
alors, la bouche pleine d'horizons
il déglutit le monde entier
pour retrouver le goût de vivre.

Hélène Duc

Fabien Damour

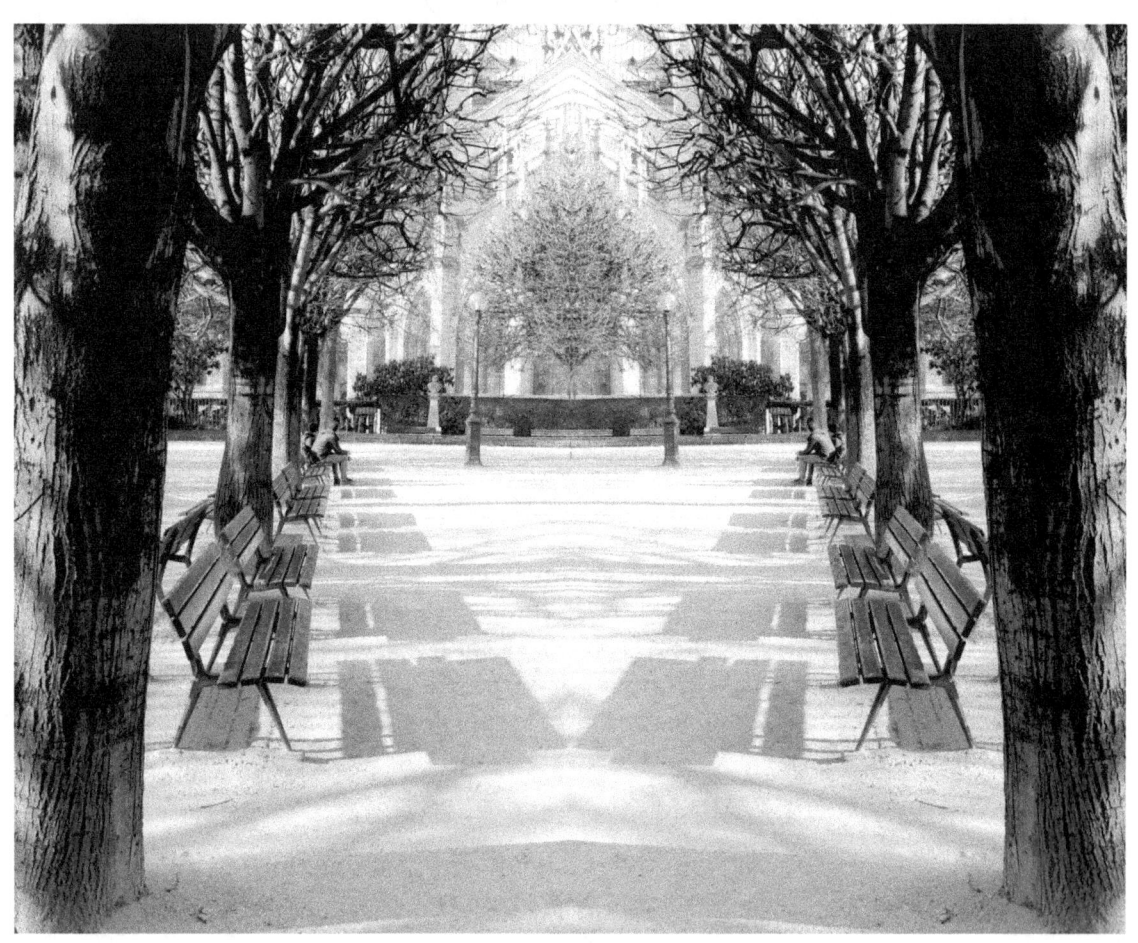

UN VITRAIL

Au moment de mourir quels seraient les instants
Que j'aurais à revoir ? une grange d'enfance
gorgée de mirabelles ; le premier baiser
et le retour vers la maison, quand je volais
dans l'avenue, le front vraiment heurtant aux étoiles ;
un nu trois fois taché de noir, lisse et fourchu comme une branche
d'arbre couchée dans la neige des draps ;
des bouquets d'yeux sans doute, chavirés de plaisir ;
les boucles de Bérénice sur fond de divan vert ;
des chats couchés en rond, sans que leur nombre
fasse perdre le prix d'aucun – ainsi des corps aimés,
du lever du soleil au premier jour d'été
que par tradition mes parents allaient voir, le museau d'un renard
jailli ce matin-là dans le rideau des blés
comme le masque d'un acteur jaugeant furtivement son public…

Maigre récolte : des lumières, des épaules et des regards,
à peine un film de vacances, de la musique et quelques mots,
des vers de Racine, « je dépasserai
ma gorge et mon chant » ; un peu de sable
et quelques flammes ; la peau laiteuse d'une rivière
qu'un plongeon disperse, et d'où jaillit

toute une vie : des gouttes d'eau, un peu de perle.

Olivier Barbarant

Marino & Chrisco

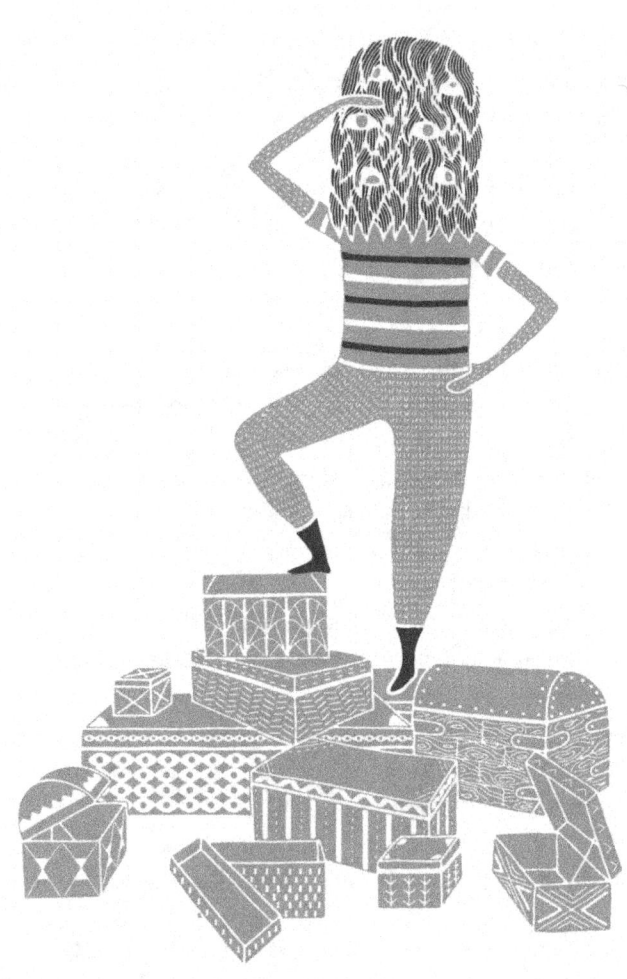

UN GRAND MERCI A

Leïla Sebbar, Emmanuelle Sarrouy,
Kristell in Wonderland, Corentin Fischer,
Eliot Harchinspero, Florent Lucéa, Mickaël Berdugo,
Erika Bournet Delbosc, Guylaine Monnier, Cédric Zampini,
Nadia Gilard, François Bertin, Halima Ghériballah,
Janick Nadouce, Sandrine Deumier, Emmanuel Dubus,
Pierre Lebas, Béatrice Vergnaud, Armelle Boy,
Marino et Chrisco, Fabien Damour,
El René, Fabrice Farre, Hélène Duc, Valère Kaletka,
Lili Plasticienne, Olivier Barbarant.

Couverture réalisée par El René

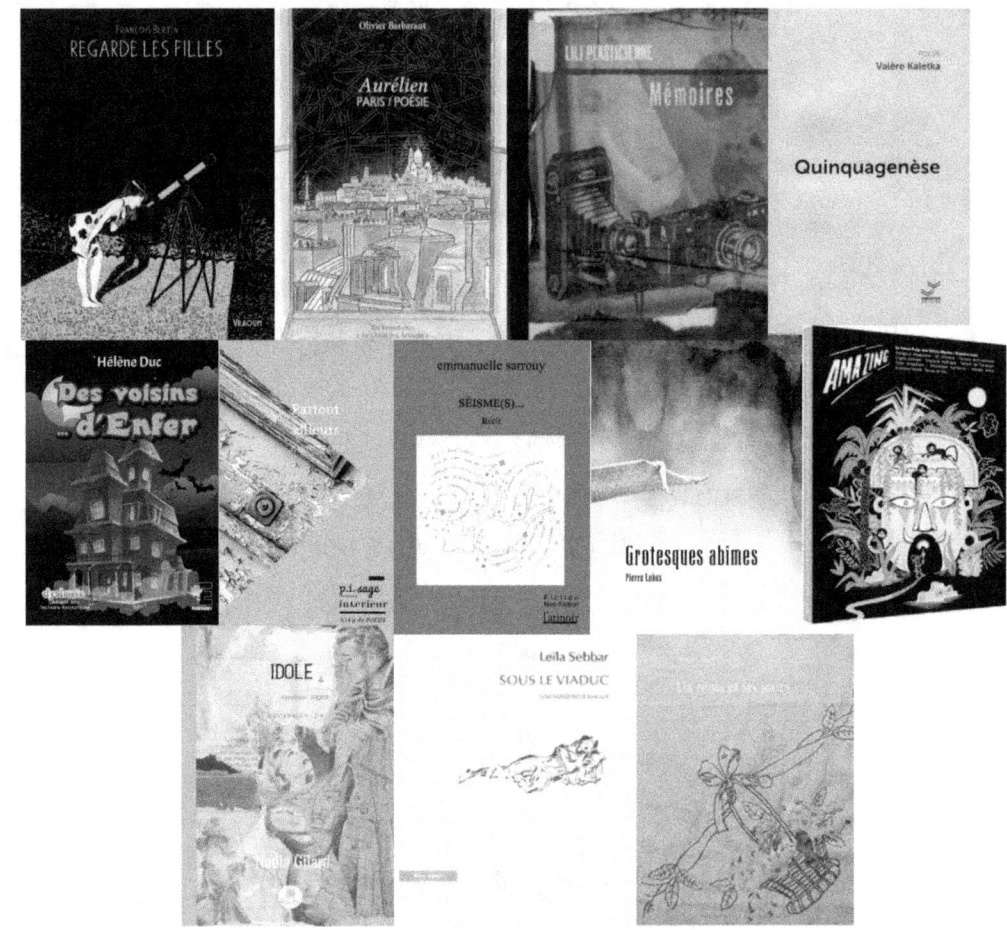

++

Contact : nadjagil11@aol.com
https://www.facebook.com/RroseSelavyrevue/

Tous droits réservés aux auteurs et artistes..

« 72. Les orages ont pu passer sur Rrose Sélavy, c'est sans rage qu'elle atteint l'âge des oranges. »

Robert DESNOS

<u>Corps et Biens</u>

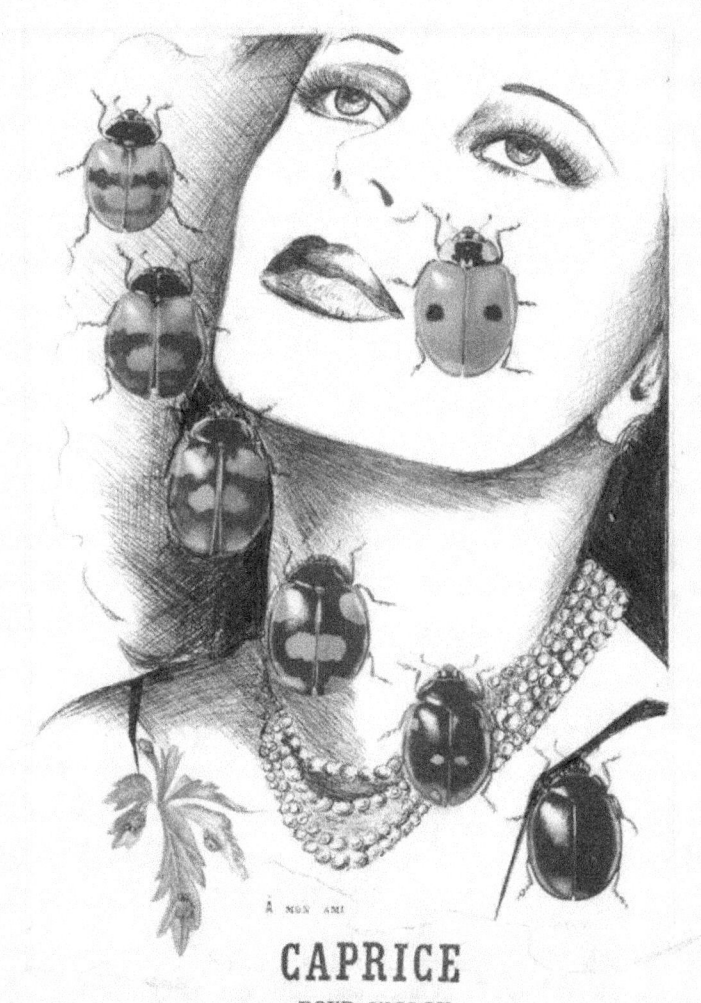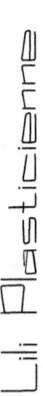

© 2018, Collectif Nadia Gilard

Edition : Books on Demand,
12/14 rond-Point des Champs-Elysées, 75008 Paris
Impression : BoD - Books on Demand, Norderstedt, Allemagne
ISBN : 9782322162703
Dépôt légal : Septembre 2018

www.ingramcontent.com/pod-product-compliance
Lightning Source LLC
Chambersburg PA
CBHW062203220526
45470CB00009B/2908